O meu livro ilustrado bilíngue

Mon album illustré bilingue

As mais belas histórias infantis da Sefa num só volume

Ulrich Renz • Barbara Brinkmann:

Dorme bem, lobinho · Dors bien, petit loup

Para crianças a partir de 2 anos

Cornelia Haas • Ulrich Renz:

O Meu Sonho Mais Bonito · Mon plus beau rêve

Para crianças a partir de 2 anos

Ulrich Renz • Marc Robitzky:

Os Cisnes Selvagens · Les cygnes sauvages

Adaptado de um conto de fadas de Hans Christian Andersen

Para crianças a partir de 5 anos

© 2024 by Sefa Verlag Kirsten Bödeker, Lübeck, Germany. www.sefa-verlag.de

Special thanks to Paul Bödeker, Freiburg, Germany

All rights reserved.

ISBN: 9783756305162

Ler · Ouvir · Compreender

Dorme bem, lobinho
Dors bien, petit loup

Ulrich Renz / Barbara Brinkmann

português — bilingue — francês

Tradução:

Maria Rosa Kretschel (português)

Céleste Lottigier (francês)

Audiolivro e vídeo:

www.sefa-bilingual.com/bonus

Acesso gratuito com palavra-chave:

português: **LWPT2529**

francês: **LWFR1527**

Boa noite, Tim! Amanhã continuamos a procurar.
Dorme bem agora!

Bonne nuit, Tim ! On continuera à chercher demain.
Dors bien maintenant !

Lá fora já está escuro.

Dehors, il fait déjà nuit.

O que é que o Tim está a fazer?

Mais que fait Tim là ?

Ele sai para o parque infantil.
O que é que ele procura lá?

Il va dehors, à l'aire de jeu.
Qu'est-ce qu'il y cherche ?

O lobinho!

Sem ele, o Tim não consegue dormir.

Le petit loup !

Sans lui, il ne peut pas dormir.

Quem é que está a chegar?

Mais qui arrive là ?

A Marie! Ela está à procura da sua bola.

Marie ! Elle cherche son ballon.

E o que é que o Tobi procura?

Et Tobi, qu'est-ce qu'il cherche ?

A sua escavadeira.

Sa pelleteuse.

E a Nala, o que é que ela procura?

Et Nala, qu'est-ce qu'elle cherche ?

A sua boneca.

Sa poupée.

Estas crianças não deviam ir já para a cama?
O gato está muito admirado.

Les enfants ne doivent-ils pas aller au lit ?
Le chat est très surpris.

E quem é que está a chegar agora?

Qui vient donc là ?

A mamã e o papá do Tim!
Sem o seu Tim, eles não conseguem dormir.

Le papa et la maman de Tim !
Sans leur Tim, ils ne peuvent pas dormir.

E aparecem ainda mais pessoas! O papá da Marie. O avô do Tobi. E a mamã da Nala.

Et en voilà encore d'autres qui arrivent !
Le papa de Marie. Le papi de Tobi. Et la maman de Nala.

Agora depressinha para a cama!

Vite au lit maintenant !

Boa noite, Tim!
Amanhã já não precisamos de procurar.

Bonne nuit, Tim !
Demain nous n'aurons plus besoin de chercher.

Dorme bem, lobinho!

Dors bien, petit loup !

Cornelia Haas • Ulrich Renz

O Meu Sonho Mais Bonito

Mon plus beau rêve

Tradução:

Daniela Carneiro Lino (português)

Martin Andler (francês)

Audiolivro e vídeo:

www.sefa-bilingual.com/bonus

Acesso gratuito com palavra-chave:

português: **BDPT2529**

francês: **BDFR1527**

O Meu Sonho Mais Bonito

Mon plus beau rêve

Cornelia Haas · Ulrich Renz

português · bilingue · francês

Lulu não consegue adormecer. Todos os outros já estão a sonhar – o tubarão, o elefante, a ratinha, o dragão, o canguru, o cavaleiro, o macaco, o piloto. E o leãozinho. Até os olhos do urso estão quase a fechar…

Ei, ursinho, levas-me contigo para o teu sonho?

Lulu n'arrive pas à s'endormir. Tous les autres rêvent déjà – le requin, l'éléphant, la petite souris, le dragon, le kangourou, le chevalier, le singe, le pilote. Et le bébé lion. Même Nounours a du mal à garder ses yeux ouverts.

Eh Nounours, tu m'emmènes dans ton rêve ?

E assim, Lulu chegou à terra dos sonhos dos ursos. O urso está a apanhar peixe no lago Tagayumi. E Lulu pergunta-se: quem poderá viver lá em cima nas árvores?

Quando o sonho chega ao fim, Lulu quer viver outra aventura. Vem comigo, vamos visitar o tubarão! Com o que estará ele a sonhar?

Tout de suite, voilà Lulu dans le pays des rêves des ours. Nounours attrape des poissons dans le lac Tagayumi. Et Lulu se demande qui peut bien vivre là-haut dans les arbres ?

Quand le rêve est fini, Lulu veut encore une aventure. Viens avec moi, allons voir le requin ! De quoi peut-il bien rêver ?

O tubarão joga às caçadinhas com os peixes. Finalmente tem amigos! Ninguém tem medo dos seus dentes afiados.

Quando o sonho chega ao fim, Lulu quer viver outra aventura. Vem comigo, vamos visitar o elefante! Com o que estará ele a sonhar?

Le requin joue à chat avec les poissons. Enfin, il a des amis ! Personne n'a peur de ses dents pointues.
Quand le rêve est fini, Lulu veut encore une aventure. Venez avec moi, allons voir l'éléphant ! De quoi peut-il bien rêver ?

O elefante é leve como uma pena e pode voar! Está prestes a aterrar no prado celestial.

Quando o sonho chega ao fim, Lulu quer viver outra aventura. Vem comigo, vamos visitar a ratinha! Com o que estará ela a sonhar?

L'éléphant est léger comme une plume et il peut voler ! Dans un instant il va se poser dans la prairie céleste.

Quand le rêve est fini, Lulu veut encore une aventure. Venez avec moi, allons voir la petite souris. De quoi peut-elle bien rêver ?

A ratinha dá uma volta pelo parque de diversões. A sua parte preferida é a montanha-russa.

Quando o sonho chega ao fim, Lulu quer viver outra aventura. Vem comigo, vamos visitar o dragão! Com o que estará ele a sonhar?

La petite souris visite la fête foraine. Ce qui lui plaît le plus, ce sont les montagnes russes.

Quand le rêve est fini, Lulu veut encore une aventure. Venez avec moi, allons voir le dragon. De quoi peut-il bien rêver ?

O dragão tem sede por ter cuspido fogo. Ele gostaria de beber o lago inteiro de limonada!

Quando o sonho chega ao fim, Lulu quer viver outra aventura. Vem comigo, vamos visitar o canguru! Com o que estará ele a sonhar?

Le dragon a soif à force de cracher le feu. Il voudrait boire tout le lac de limonade !

Quand le rêve est fini, Lulu veut encore une aventure. Venez avec moi, allons voir le kangourou. De quoi peut-il bien rêver ?

O canguru salta pela fábrica de doces e enche a sua bolsa. Ainda mais rebuçados azuis! E mais chupa-chupas! E chocolate!

Quando o sonho chega ao fim, Lulu quer viver outra aventura. Vem comigo, vamos visitar o cavaleiro! Com o que estará ele a sonhar?

Le kangourou sautille dans la fabrique de bonbons et remplit sa poche. Encore plus de ces bonbons bleus ! Et plus de sucettes ! Et du chocolat ! Quand le rêve est fini, Lulu veut encore une aventure. Venez avec moi, allons voir le chevalier ! De quoi peut-il bien rêver ?

O cavaleiro está a fazer uma batalha de bolos com a sua princesa de sonho. Ups! O bolo de chantilly falhou o alvo!
Quando o sonho chega ao fim, Lulu quer viver outra aventura. Vem comigo, vamos visitar o macaco! Com o que estará ele a sonhar?

Le chevalier a une bataille de gâteaux avec la princesse de ses rêves. Ouh-la-la, le gâteau à la crème a râté son but !

Quand le rêve est fini, Lulu veut encore une aventure. Venez avec moi, allons voir le singe ! De quoi peut-il bien rêver ?

Finalmente nevou na Terra dos Macacos! Todo o bando está fora de si e a fazer macacadas.

Quando o sonho chega ao fim, Lulu quer viver outra aventura. Vem comigo, vamos visitar o piloto! Em que sonho terá aterrado?

Il a enfin neigé au pays des singes. Toute leur bande est en folie, et fait des bêtises.

Quand le rêve est fini, Lulu veut encore une aventure. Venez avec moi, allons voir le pilote ! Sur quel rêve a-t-il pu se poser ?

O piloto voa e voa. Até aos confins da terra e ainda mais além, até às estrelas. Nunca nenhum outro piloto o conseguiu.
Quando o sonho chega ao fim, já todos estão muito cansados e não querem viver mais aventuras. Mas continuam a querer visitar o leãozinho. Com o que estará ele a sonhar?

Le pilote vole et vole. Jusqu'au bout du monde, et encore au delà, jusqu'aux étoiles. Jamais aucun pilote ne l'avait fait.
Quand le rêve est fini, ils sont déjà tous très fatigués, et n'ont plus trop envie d'aventures. Mais quand même, ils veulent encore voir le bébé lion.
De quoi peut-il bien rêver ?

O leãozinho tem saudades de casa e quer voltar para a sua cama quentinha e aconchegante.
E os outros também.

E assim começa …

Le bébé lion a le mal du pays, et voudrait retourner dans son lit bien chaud et douillet.
Et les autres aussi.

Et voilà que commence ...

... o mais bonito sonho de Lulu.

... le plus beau rêve de Lulu.

Ulrich Renz • Marc Robitzky

Os Cisnes Selvagens

Les cygnes sauvages

Tradução:

Maria Rosa Kretschel (português)

Martin Andler (francês)

Audiolivro e vídeo:

www.sefa-bilingual.com/bonus

Acesso gratuito com palavra-chave:

português: **WSPT2529**

francês: **WSFR1527**

Ulrich Renz · Marc Robitzky

Os Cisnes Selvagens

Les cygnes sauvages

Adaptado de um conto de fadas de

Hans Christian Andersen

português — bilingue — francês

Era uma vez doze filhos de um rei—onze irmãos e uma irmã mais velha, chamada Elisa. Viviam felizes num maravilhoso palácio.

Il était une fois douze enfants royaux — onze frères et une sœur ainée, Elisa. Ils vivaient heureux dans un magnifique château.

Um dia, a mãe morreu e, pouco tempo depois, o pai decidiu voltar a casar. Mas a nova mulher era uma bruxa malvada. Ela transformou os onze príncipes em cisnes e expulsou-os para muito longe, para um país distante do outro lado da grande floresta.

Un jour, la mère mourut, et après un certain temps, le roi se remaria. Mais la nouvelle épouse était une méchante sorcière. Elle changea les onze princes en cygnes et les envoya dans un pays éloigné, au delà de la grande forêt.

A madrasta vestiu à Elisa uma roupa esfarrapada e untou-lhe o rosto com uma horrível pomada, de tal maneira que o próprio pai não reconheceu a menina e expulsou-a do palácio. Elisa correu para o bosque sombrio.

Elle habilla la fille de haillons et enduisit son visage d'une pommade répugnante, si bien que son propre père ne la reconnut pas et la chassa du château. Elisa courut vers la sombre forêt.

Estava agora completamente sozinha e com uma imensa saudade dos seus irmãos desaparecidos. Quando a noite caiu, ela deitou-se numa cama de musgo por baixo das árvores.

Elle était alors toute seule et ses frères lui manquaient terriblement au plus profond de son âme. Quand le soir vint, elle se confectionna un lit de mousse sous les arbres.

Na manhã seguinte, ela chegou a um lago sereno e assustou-se quando viu o seu próprio rosto refletido na água. Mas, depois de se lavar, não havia no mundo uma princesa mais bela.

Le lendemain matin, elle arriva à un lac tranquille et fut choquée de voir son reflet dans l'eau. Une fois lavée, cependant, elle redevint le plus bel enfant royal sous le soleil.

Passados muitos dias, Elisa chegou ao grande mar. Onze penas de cisne balançavam sobre as ondas.

Après de nombreux jours, elle arriva à la grande mer. Sur les vagues dansaient onze plumes de cygnes.

Quando o sol se pôs, ouviu-se um farfalhar de asas e onze cisnes selvagens pousaram na água. Elisa reconheceu logo os seus irmãos enfeitiçados. Mas, como estes falavam a língua dos cisnes, ela não os podia compreender.

Au coucher du soleil, il y eut un bruissement dans l'air, et onze cygnes sauvages se posèrent sur l'eau. Elisa reconnut tout de suite ses frères ensorcelés. Mais comme ils parlaient la langue des cygnes, elle ne pouvait pas les comprendre.

Durante o dia, os cisnes voavam para longe e, à noite, os doze irmãos dormiam aconchegados uns aos outros dentro de uma gruta.

Uma noite, a Elisa teve um estranho sonho: a mãe contou-lhe o que ela podia fazer para libertar os irmãos do feitiço. Com urtigas, uma planta que queima e irrita a pele, ela devia tecer túnicas e atirar uma sobre cada um dos onze cisnes. Até estar pronta, ela não poderia dizer nem uma só palavra, pois a vida dos seus irmãos dependia do seu silêncio.
Elisa começou logo a trabalhar com afinco. Embora a pele das mãos ardesse como fogo, ela não parou de tecer.

Chaque jour, les cygnes s'envolaient au loin, et la nuit, les frères et sœurs se blottissaient les uns contre les autres dans une grotte.

Une nuit, Elisa fit un rêve étrange : sa mère lui disait comment racheter ses frères. Elle devrait tricoter une chemise d'orties à chacun des cygnes et les leur jeter dessus. Mais avant d'en être là, il ne fallait pas qu'elle prononce un seul mot : sinon ses frères allaient mourir.
Elisa se mit au travail immédiatement. Et bien que ses mains lui brûlaient comme du feu, elle tricotait et tricotait inlassablement.

Um dia, soaram ao longe cornetas de caça. Um príncipe cavalgou até ela com o seu séquito de caçadores. Logo que pousaram os olhos um no outro, foi amor à primeira vista.

Un jour, des cornes de chasse se firent entendre au loin. Un prince, accompagné de son entourage, arriva à cheval et s'arrêta devant elle. Quand leurs regards se croisèrent, ils tombèrent amoureux.

O príncipe ajudou Elisa a montar no seu cavalo e cavalgou com ela para o seu palácio.

Le prince prit Elisa sur son cheval et l'emmena dans son château.

A chegada da bela rapariga silenciosa não agradou nada ao poderoso tesoureiro. Tinha planeado que a sua própria filha fosse a noiva do príncipe.

Le très puissant trésorier fut loin d'être content de l'arrivée de cette beauté muette : c'était sa fille à lui qui devait devenir la femme du prince !

A Elisa não tinha esquecido os seus irmãos. Todos os serões, continuava a tecer as túnicas. Uma noite, saiu para o cemitério para colher novas urtigas e foi observada, às escondidas, pelo tesoureiro.

Elisa n'avait pas oublié ses frères. Chaque soir, elle poursuivait son travail sur les chemises. Une nuit, elle alla au cimetière pour cueillir des orties fraiches. Le trésorier l'observa en cachette.

Assim que o príncipe partiu para uma expedição de caça, o tesoureiro mandou prender Elisa numa cela. Acusou-a de ser uma bruxa e de se encontrar com outras bruxas à noite.

Dès que le prince partit à la chasse, le trésorier fit enfermer Elisa dans le donjon. Il prétendait qu'elle était une sorcière qui se réunissait avec d'autres sorcières la nuit.

De madrugada, os guardas foram buscá-la. Elisa iria ser queimada na praça.

Au petit matin Elisa fut emmenée par les gardes. Elle devait être brûlée sur la place du marché.

Logo que lá chegou, onze cisnes brancos voaram para junto dela. Elisa despachou-se a atirar as túnicas sobre os cisnes. De imediato, os seus irmãos recuperaram a sua figura humana. Só o mais novo, cuja túnica Elisa não tinha conseguido terminar, ficou com uma asa no lugar de um braço.

A peine y fut-elle arrivée qu'onze cygnes arrivèrent en volant. Elisa, très vite, jeta une chemise d'orties sur chacun d'eux. Bientôt, tous ses frères étaient devant elle en forme humaine. Seul le plus petit, dont la chemise n'était pas terminée, avait encore une aile à la place d'un bras.

Os irmãos ainda se estavam a beijar e a abraçar quando o príncipe voltou. Elisa podia, finalmente, explicar-lhe tudo. O príncipe mandou prender o malvado tesoureiro. Depois disso, as celebrações do casamento duraram sete dias.

E viveram todos felizes para sempre.

Les frères et la sœur étaient encore en train de s'étreindre et de s'embrasser quand le prince revint. Elisa put enfin tout lui expliquer. Le prince fit jeter le méchant trésorier dans le donjon. Après quoi, le mariage fut célébré pendant sept jours.

Et ils vécurent heureux et eurent beaucoup d'enfants.

Hans Christian Andersen

Hans Christian Andersen nasceu, em 1805, na cidade dinamarquesa de Odessa e faleceu, em 1875, em Copenhaga. Tornou-se mundialmente famoso pelos contos que escreveu, como „A Pequena Sereia", „O Rei Vai Nu" ou „O Patinho Feio". O presente conto de fadas, „Os Cisnes Selvagens", foi publicado pela primeira vez em 1838. Desde então, foi traduzido para mais de cem línguas estrangeiras e adaptado para os mais diferentes formatos, incluindo teatro, cinema e musical.

Barbara Brinkmann nasceu em Munique (Alemanha) em 1969. Estudou arquitectura em Munique e trabalha actualmente no Departamento de Arquitectura da Universidade Técnica de Munique. Também trabalha como designer gráfica, ilustradora e autora.

Cornelia Haas ilustra livros para crianças e adolescentes desde 2001. Nasceu perto de Augsburg, Alemanha, em 1972. Estudou design na Universidade de Ciências Aplicadas de Münster e é atualmente professora de ilustração na Faculdade de Ciências Aplicadas de Münster.

Marc Robitzky, nascido em 1973, estudou na Escola Técnica de Artes de Hamburgo e na Academia de Artes Visuais de Frankfurt. Trabalha como ilustrador independente e designer de comunicação em Aschaffenburg (Alemanha).

Ulrich Renz nasceu em 1960 em Stuttgart, Alemanha. Estudou Literatura Francesa em Paris e Medicina em Lübeck, e posteriormente trabalhou como diretor numa editora científica. Actualmente Renz é autor freelancer e escreve livros para crianças, jovens, e não-ficção.

Gostas de desenhar?

Aqui encontrarás todas as imagens da história para colorir:

www.sefa-bilingual.com/coloring